¡Hola, motocicletas!

MARAVILLAS VEHÍCULOS 42

MOTOCICLETAS

KATE RIGGS

CREATIVE EDUCATION | CREATIVE PAPERBACKS

¿NO DEBERÍAMOS ESTAR USANDO UN CASCO?

tabla de contenido

Publicado por Creative Education y Creative Paperbacks
P.O. Box 227, Mankato, Minnesota 56002
Creative Education y Creative Paperbacks
son sellos editoriales de The Creative Company
www.thecreativecompany.us

Diseño de Wyeth Morgan
Dirección artística de Blue Design (www.bluedes.com)

Imágenes de Alamy Stock Photo/MLaoPeople, 13; Dreamstime/Sergio Schnitzler, 3, 20–21; Getty Images/Carrastock, 8–9, Charlie Yacoub, 2, Fast Bikes Magazine, 16, Neyya, 4, Patrick Bennett, 10–11, Photograph copyright Eric Meola, 18–19; Pexels/ Daniel, 14–15, Rachel Claire, 23; Shutterstock/ LEVANTEMEDIA, portada (centro), 17, PRILL, 24; Unsplash/Baptiste DAVID, 1, Harley-Davidson, 6–7; Wikimedia Commons/ Bainbridge (Lt), War Office official photographer, portada (derecha), Michael Barera, portada (izquierda)

Library of Congress Cataloging-in-Publication Data
Names: Riggs, Kate, author.
Title: Motocicletas / by Kate Riggs.
Other titles: Motorcycles. Spanish
Description: Mankato, Minnesota : Creative Education and Creative Paperbacks, [2026] | Series: Maravillas | Includes index. | Audience: Ages 4–7 | Audience: Grades K–1 | Summary: "An engine-revving introduction to motorcycles, this transportation book for beginning readers features eye-catching photographs, humorous captions, and basic facts about the two-wheeled motor bikes. This Spanish text includes a labeled vehicle guide, glossary, and index"– Provided by publisher.
Identifiers: LCCN 2024053420 (print) | LCCN 2024053421 (ebook) | ISBN 9798889898788 (library binding) | ISBN 9781682779187 (paperback) | ISBN 9798889899570 (ebook)
Subjects: LCSH: Motorcycles–Juvenile literature. | Motorcycles–Parts–Juvenile literature. | CYAC: Motorcycles.
Classification: LCC TL440.15 R54218 2026 (print) | LCC TL440.15 (ebook) | DDC 629.227/5–dc23/eng/20250116
LC record available at https://lccn.loc.gov/2024053420
LC ebook record available at https://lccn.loc.gov/2024053421

Impreso en la India

Las motocicletas son bicicletas con **motor**. El motor le da potencia a la motocicleta.

Las motocicletas tienen dos ruedas. El cuerpo de la motocicleta está hecho de metal.

En la parte superior del cuerpo, hay dos **manillares**. En el centro, hay un asiento.

¡SUJETA LOS MANILLARES CON AMBAS MANOS!

Una persona conduce una motocicleta. Otra persona puede sentarse detrás del conductor.

¡DESPACIO!
¡YUPI!

Las motocicletas circulan por carreteras o pistas de carreras. También pueden circular por tierra.

UNA MOTO DE CROSS ES UN TIPO DE MOTOCICLETA QUE CIRCULA FUERA DE LA CARRETERA.

Una motocicleta ruge por la pista. El conductor se inclina para tomar una curva.

PETRONAS
11
YAMAHA
SPIES
IVECO
YAMAHA
PETRONAS
HJC
58

¡ME ENCANTAN LAS CARRETERAS VACÍAS!

¡Adiós, motocicletas!

[Imagina una motocicleta]

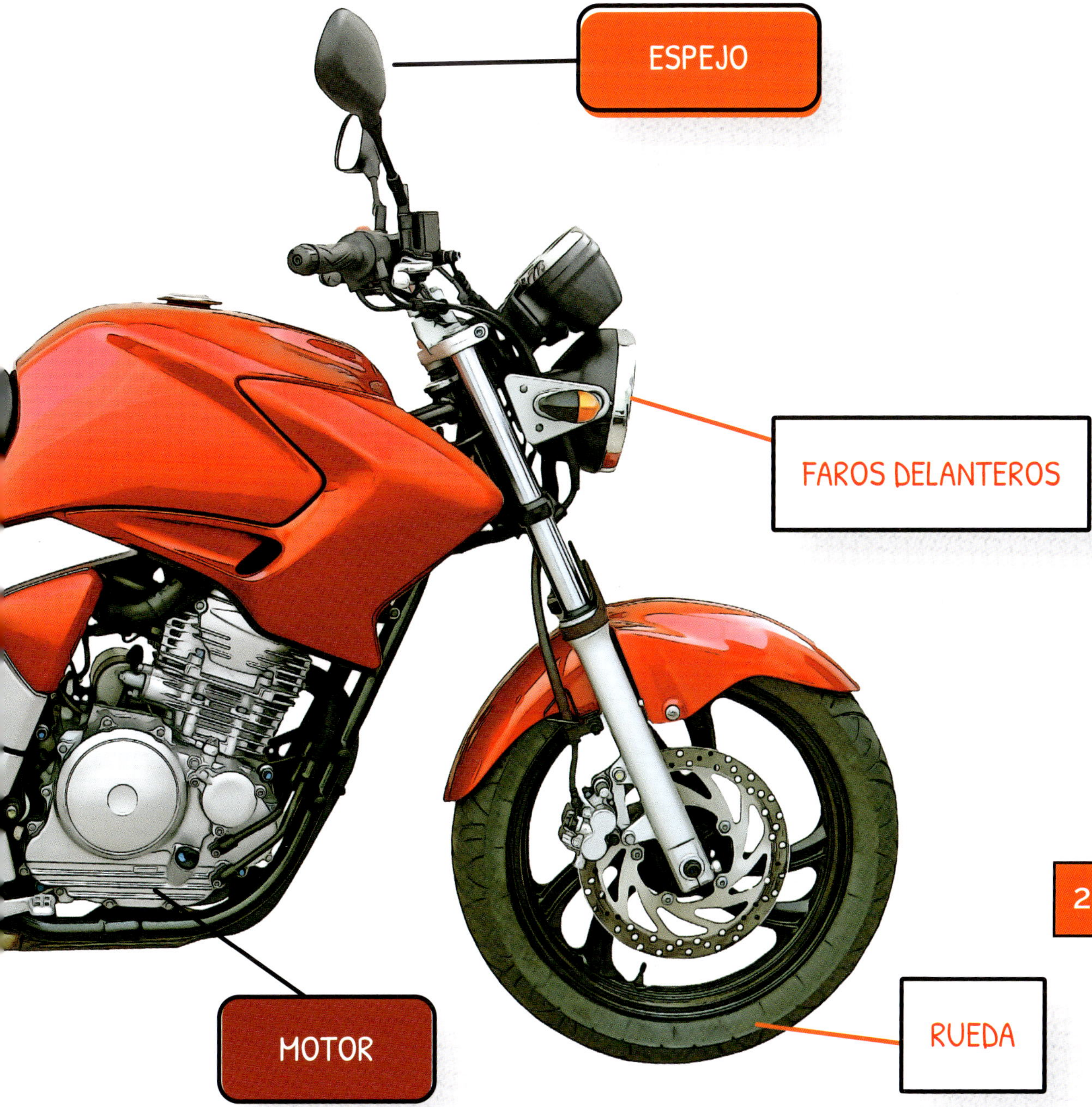
ESPEJO
FAROS DELANTEROS
MOTOR
RUEDA

PALABRAS QUE DEBES CONOCER

cuerpo: la parte principal de algo

motor: máquina que da energía y hace que algo se mueva

manillar: lugar donde el conductor coloca las manos para hacer que la motocicleta vaya en la dirección correcta

TRIUMPH

ÍNDICE ALFABÉTICO